JN439971

그늘 속의 그림자

그늘 속의 그림자

초판 1쇄 인쇄 | 2022년 03월 14일
지은이 | 박은우
펴낸이 | 이재욱(필명:이승훈)
펴낸곳 | 해드림출판사
주 소 | 서울 영등포구 경인로82길 3-4(문래동1가 39)
센터플러스빌딩 1004호(07371)
전 화 | 02-2612-5552
팩 스 | 02-2688-5568
E-mail | jlee5059@hanmail.net

등록번호 제2013-000076
등록일자 2008년 9월 29일

ISBN 979-11-5634-498-8

그늘 속의
그림자

박은우 제4시집

해드림출판사

시인의 말

낙엽 위에 쓴 시

내 고향 심심산골 무주 안성 덕유산 아래, 한 뼘 하늘이 보이는 산골마을에서 태어나 어린 시절을 보내고 전주로 이주하여 고등학교와 대학을 졸업하고 서울에 터전을 잡아 평생을 도시 사슴으로 살았다.
화전을 일구어 가난과 싸우면서 배고픔이 일상이었던 시절 대자연은 나의 놀이터고 밥상이었으니 이 시기에 나의 시적 영감이 자란 건 아닐까 싶다.
대기업에 들어가 세계를 누비며 바쁘게 살면서 시와 멀어졌지만, 개인사업으로 전환하고서 다시 시에 접하였으니 비로소 자아가 있는 삶이 시작된 것이리라.
이제 모든 걸 마무리하면서 비워가는 삶이어야 하는 나이, 더 늦기 전에 부족하나마 시집으로 엮어서 세상에 내보내는 심정은 두려움과 홀가분함이 공존한다.
남은 삶은 깃털처럼 가볍게 세상을 주유하면서 비워가는 시간이 될 것이다.

2022년 3월

박은우

이름에서 시가 흐른다

축하 글

요즘 한창 손글씨 연습 중이다.

하지만 매일 새벽 그리고 아무도 없는 저녁 시간 열심히 써보지만 좀처럼 세련미가 안 붙는다. 손글씨 연습을 하면서, 당연히 시인 은우 형님 이름도 수차례 써보았다.

은우, 어쩌면 이리 예쁜 이름도 있을까.

유음으로 이루어진 이름이라 발음하기도 부드러울 뿐만 아니라, 가만히 음미해볼수록 이름에서 예술적인 정조(情操)가 느껴진다. 소리 나는 대로 써보니 그도 멋지다. 이국적 느낌이 드는 바그누(Bagnu)…. 시인의 연륜으로 보면, 이 세련된 이름을 지어주었던 아버지는 아무래도 미적 감각이 남달랐던 분이 아닐까 싶기도 하다.

실제로 박은우 시인은 뛰어난 예술적 감각을 지녔다. 이 예술적 유전인자의 본체는 아버지로부터 받았음 직하다. 누구나 그림이나 음악, 문학 등 예술적인 흥미를 지녔을 수는 있다. 하지만 단순히 흥미를 지녔다고 하여 예술적 재능을 말하기는 무리다. 거기에는 천착(穿鑿)과 집념을 엿볼 수 있어야 할 것이다.

박은우 시인은 음악을 전공한 것도 문학을 전공한 것도 아니다. 특히 비전공자가 음악에서 어느 정도의 경지를 이루었다는 사실은 '타고난 재능'으로 설명할 수밖에는 없어 보인다.
문학과 음악에서 일가를 이루었지만 또 언제 천부적인 감각이 꿈틀대면 어떤 예술 분야의 경지를 개척할지 모른다. 그만큼 시인은 예나 지금이나 열정의 피가 늘 벅차 있다.
은우 형님의 시들은 물 흐르듯이 사유가 부드럽게 흐른다. 나는 시를 감상할 때 때론 시가 어렵다며 불평을 하지만, 가만 생각해 보면 시가 어려운 게 아니라 생각의 근육이 허약한 탓이다. 물론 시인들의 시 중에는 지극히 난해한 시들도 있지만, 스마트폰 시대에서 사람들은 생각하는 힘이 허약해진 것도 사실이다.
다행히 은우 형님의 시들은 비틀림이 없다. 시인이 풀어내는 미적인 사유로 쉽게 끌려가며 공감을 하게 되는 것이다. 시인의 시들을 찬찬히 들여다보면 한 번에 써 내려간 시들이 상당하다는 느낌이다. 이는 소재를 적바림 해 둔 채 내버려 두어도 시인의 가슴에서 부글부글 괴고 있다가 농익은 어느 순간 한 필로 펴낸 듯한 시란 뜻이다.

2022년 3월

해드림출판사 대표 이승훈

차례

제2부

제3부

제4부 시조(時調)

그늘 속의 그림자 • 한 마리 치타가 되다 • 시월의 마지막 밤 2 • 민들레 단상 • 이은미 콘서트 • 인순이 콘서트 • 행려병자의 임종(표본) • 어느 여인의 부고 • 이별 • 새벽 항해 • 부부싸움 • 산막이 옛길 • 관계 • 소 판날 • 고래 • 만리포 해수욕장 • 이별을 키우는 새 • 어떤 기행(奇行)

제1부

그늘 속의 그림자

아늑한 뱃속, 엄마의 그늘 속에서
유전자는 형상화되었던 것
무한대로 미분되기도 하는
큰 그늘의 주문(注文)대로 완성된 생명체
태어나 울음으로 맞이한 빛은
내 생의 첫 그림자였다

학습의 빛과 욕망의 빛이 빚어낸
암호 같은 그림자
새소리의 빛이 투영되면서
그림자는 휘어지거나
노을을 바라보는 미루나무처럼
한없이 길어지기도 했지만
근본은
양지만을 찾는 욕망의 이데아

결국 삶이란
끊임없이 그림자를 만들어 놓고
어지럽게 흔들리는 것

노을이 노을을 바라보는 먼 훗날
그림자는 무채색이란 걸 깨달을 즈음
대륙의 서쪽 끝 까보다로까에서
지친 내 안의 파도를 다독이며
지나온 자취를 더듬어보는 것은
아직도 빛이 되지 못한
숨은 그림자를 찾아내어 지우는 것

굴절이 없고
그림자와 이데아가 하나가 된
더는 지울 수 없는 저 그늘 속의 그림자
비로소
벌거벗은 나를 바라보는 것이다
연민의 손길로 무수한 상처가 아문
온전한 내 영혼을 안아보는 것이다.

한 마리 치타가 되다

두툼한 얼음을 덮고 동면중인 호수
몽유병자처럼 그 주변을 어슬렁대는 치타
가슴이 무겁다
사냥의 절박함 대신 날마다
체념 하나씩 주워 담은 가슴이 만삭

살찐 고요가 산파로 다가온다
가슴을 열고
체념 하나를 꺼내어 호수에 던진다
쩌엉,
호수가 반응하며 마음 하나 돌아누우면
또 하나를 던지고,
던지고…

그렇게 체념을 해산한 치타
이젠 임계 속도를 넘어
이 겨울을 탈출할 수 있겠다
사냥은 수단이지 목표가 아니었다고
순전히 유전인자 탓으로

양 볼에 눈물 골이 패인 거라고…
자기 위안이 정말 위안이 될 때
불면 중인 아파트의 불빛이 짭짜름하다

시월의 마지막 밤 2

엽록소를 거짐 다 먹어치운 하현달이
빙그레 웃는다
박 속 같은 하얀 웃음이
나를 또 갉아먹으려는구나

혈관은 마르고 허공에 뿌린 노래는
마른 정원에 서릿발로 다시 꽂히겠지
그리움 하나로 기어오르고 또 오르다
숨이 찼더냐
담쟁이 붉은 가슴이 부르르 떨고 있다

바람의 자식들이 뻐꾸기 알을 찾고 있다
억새밭을 헤집으며 없는 알을 찾고 있다
단죄는 그만하면 충분한데도

해안도로가 달려오고
불령계곡이 너울너울 흘러내린다
눈을 감은 하모니카는
뚫어진 가슴으로 봄 뻐꾸기 소리를 낸다

사각사각
낡은 달팽이관을 갉아먹는 달빛소리
뒷산 억새밭이 강 쪽으로 기울어지는 소리
이별가를 부르는 은행나무를 붙들고
시월의 마지막 밤이 오색 눈물을 흘리고 있다.

민들레 단상

봄비로 목을 축인 민들레
고래심줄 같은 생의 꽃대를 밀어 올린다
무쳐먹으면 맛있다기에 캐러 나섰는데
꽃을 보니 유아원 다니던 딸애의 모습이다
노란 모자 동글하니 웃음이 더욱 노랗던,
뽀뽀하고 싶으면 간호사 놀이를 하자했던
나는 언제나 기절한 환자
노란 입으로 다급하게 덮쳐오는 순수
달디 단 침이 반, 향이 반인 인공호흡
살았다 죽었다 몇 번 반복하면
즐거운 민들레는 까르르, 늘 봄이던 그 기억
부끄러운 살의를 비닐봉지로 돌돌 말아 감추고
엎드려 뽀뽀를 한다
달디 단 바람이 목을 타고 넘는다
노오란 나비 한 마리 팔랑팔랑.

이은미 콘서트

복제를 거부해온 씨방 없는 꽃
툰드라의 눈물이 고인 바이칼호수
킬리만자로 만년설의 하얀 고독
모두가 하나로 수렴되는 순간

임계 수치를 넘은 블랙홀의 대폭발이다

수천의 영혼들이 압축을 풀고
울대를 두드리는 소리다
그녀의 가슴골로 흘러내리는
땀방울을 음미하는 사내들의 전율이다

산산이 부서져 내리는 오래된 절규
무수한 어둠이 줄지어 빠져나간다
꼭짓점의 탄성들이 용암에 덮여
그대로 화석이 되는 것이다

다시는 없을, 원시 들꽃의 쓰나미.

인순이 콘서트

거대한 회오리, 난무하는 천둥번개
무겁게 공명하는 콘트라베이스의 둥근 가슴
심장이 연신 파열의 경고를 보내지만
넘치는 아드레날린으로 근육을 보강하고
핵융합을 시작한다
희로애락이 한줄기 빛으로 융합된다
거대한 열기로 지구의 자전이 멈춰버린 밤
빛의 근원이고 블랙홀인 여가수는
태양을 삼킨 불새의 현란한 비트(beat)로 매질한다
부서지는 낡은 빛의 껍질
아찔한 허벅지를 타고 내리는 원시의 본능으로
활활 타오르는 짐승들의 난교성 몸부림
사정(射精)을 향한 임계 선상의 무한 압축
여가수의 젖은 목이 뒤로 꺾이고
*포르티시모로 점 하나를 찍어버린 드럼 채가
*비바체로 흔들리는 젖가슴 위로 솟구치는 순간
대폭발
빅뱅! 빅뱅!
압축된 어둠이 별이 되어 날아간다

절정의 여가수는 나비가 되어 날아가고
사정(射精)을 마친 짐승들의 함성은 푸르디푸르다.

행려병자의 임종(표본)

참으로 아슬아슬하게
36도를 유지하던 보일러
바닥난 기름, 졸고 있는 불
눈을 감지 않아도 충분히 어둡다
차가운 시선들이 훅, 불을 끈다
코도 골지 않고
깊은 잠에 빠져드는 고단한 사람

포르말린 냄새가 향수처럼 번지는
그 사람의 호텔, 해부학 표본실
비워야 할 뭔가가 있어야 했는데
비울 게 없어서 숨 쉬는 게 고단했던,
표본은 비로소 평온하다
영혼은 집이 추워서 나간 걸까
아니면
누가 쫓아낸 걸까?

어느 여인의 부고

긴 생머리에 화려한 투피스의 여인
속눈썹 사이로 얼룩말 같은 역사가 보이던 여인
말없이 술 몇 잔 들고서야
빙그레 웃으며 얼룩무늬 침묵을 내려놓고
모호한 추상화를 그리던 여인
그림 속의 주인공이 될까 봐 슬금슬금 피하면서
잘록한 허리의 기억만 새겨두고 싶었던 여인
어젯밤,
갑자기 엔진이 멈춰버렸다네
누군가 엔진 속에 모래 한 줌 넣은 게지
순식간에 *아케돈강을 건너 가버린 여인
그녀의 고독은 아직도
*레테강을 건너지 못하고 둑방길을 서성이는데
잔뜩 가물어버린 영안실의 늦은 밤
창문에 걸려있는 얼굴 없는 어느 조문객
터진 실밥 사이로 꽃물이 주르륵
심란한 봄바람에 담배연기만 어지럽다.

---

* 아케돈강 : 그리스 신화에 나오는 저승으로 가는 강.
이 강을 건너면 다시는 이승으로 돌아오지 못한다.
일명 비통의 강이라고도 함

* 레테강 : 저승에 있는 망각의 강. 추억의 해독제라고도 함.

이별

1.
쟁깃날이 반쯤 파먹고
달구지가 반쯤 파먹었을
등걸이 움푹 페인 소
자식들의 채찍은 또
오장을 거짐 다 파먹었겠지
뿔 빠진 늙은 황소
우리 아버지
고삐를 풀고 영영 잠자리에 드셨다
풀어준 건지 풀린 건지
알 수 없는 이별
눈 한 번 씻어주고
운명의 이정표대로 갈라서는 길

2.
망자들의 아파트 이천호국원
층층마다 묵은 슬픔이 촉촉하다
숨찬 것들을 내려놓고

돌아서는 발걸음도 촉촉하다
간이 밴 그림자 하나
눈물을 핥으며 지나간다
돌아올 수 없는 길 앞에서
해도 달도 내려놓고
별도 내려놓고
빈 가슴에 허무 한 자루
꾹꾹 눌러 담아 돌아선다
길 건너
나의 이정표가 희미하게 보인다

새벽 항해

부동항의 한계선을 밀고 당기는 툰드라의 새벽
어부들의 눈빛이 풀어지기 시작한 선술집
꼬부라진 미완의 시(詩)가 하품을 한다
새벽달이 창문을 두드리자
술잔을 엎어버리고 목을 뽑는 어부들
"따따블 따따블"
포구에 출렁이는 미개인들의 아우성
경매가 시작되었다
술수가 난무하는 거리의 경매장
전봇대를 붙들고 무게를 줄이고서
유치한 연극 끝에 겨우 낙찰받은 총알택시
덤으로 두 덩어리의 짐을 더 싣자
쏟아지는 선장의 독화살
그러나
가난한 시인의 두꺼운 가죽을 뚫지는 못하지
안개가 가로등의 심지를 낮추어버린 새벽
사내는 파도소리를 내며 단잠에 묻히고
품에 안긴 여인의 머리칼이 속살로 파고든다
자스민 향으로 풀어진 첼로의 현

간간이 반음 낮은 뱃고동을 울리면
25도쯤 기울어지는 내 안의 수평선
안개가 이내 흔적을 지우고 기울기를 수정한다.

부부싸움

정신없이 흔들렸다
온 세상이 진도 8로 흔들렸다
울부짖으며 서로에게 표창을 날렸다
한 됫박의 피를 흘리고서야
피 냄새는 어둠이 되어 사라졌다

전자가속기를 돌려 회한을 풀어낸다
가장 염려스러운 지점을 골라
무덤 속 어둠의 무게로 죽은 피를 짠다
화살이 쏟아지는 먹구름 속으로
내 안의 악귀들이 날아간다

따르르릉,
'나야 미안해 밥은 먹었어? 내일 올라갈게'
백로 한 마리 너울너울 날아다니고
덜컹덜컹, 기차소리는 바람을 가른다
코스모스가 하늘하늘 속닥인다
'새로운 다짐은 하지 말아요'
'그냥 벙어리가 되어요'

나는 거울 앞에 앉아
독바늘로 입을 촘촘히 꿰맨다.

산막이 옛길

산막이 옛길에서 질주의 본능을 내려놓는다
망세루(忘世樓)에 앉아 헤진 시간들을 추스르고
노루 샘물로 허망의 찌꺼기를 씻어낸다
연하구곡 비경을 뜯던 옛 선비의 울림소리
아직도 들리는 듯 발길 멈춘 낮달이
산오리 물수제비 뜨는 호수에 살포시 안겨드는 한낮
솔바람 추임새 따라 낭창낭창 옛길을 걸으면
제 안에 숨어있던 행복이 스스로 걸어 나와
그토록 찾아 헤매던 푸른 무지개를
연화담 노송 가지에 살랑 걸어놓는다.

관계

한 남자가 트럼펫을 분다
한 여자의 여름을 연주하는 것이다
분홍 립스틱이 묻은 덧니의 스타카토
꼭꼭 깨문 자리에 명자꽃 붉게 피면
오랜 기다림은 허우적허우적 재를 넘어가고
주인을 기다리던 첼로는
식초가 다 된 술을 마셔버린다
흔들리는 하현달
춤추는 산발머리의 밤꽃 향
밤은 무아의 경지로 내닫건만
자신의 머리채로 야상곡을 켜는
여자의 음률은 차갑다
한때 첼로를 연주했던 트럼펫 연주자는
아직도
상록수를 꿈꾸는 한여름의 오동나무
그 해 여름은 그리 길지 않았다.

소 판날

수박서리 한 날 밤
자다가 오줌 마려워 외양간 앞에 서면
오줌보다 먼저 나오는 보리방구
맷돌질하던 늙은 소가 푸드덕푸드덕
이빨을 드러내고 웃었다

쌀도 전기도 없던 세상
산비알 싸돌며 누렁이 배를 채워줘야
보리죽으로 어두운 뱃속을 겨우 밝혔던 시절
한밤중에도 소는 풀향기로
제 운명을 되새김질하는 것이었다

한 해 농사를 마무리한 어느 늦가을
오랜 되새김질로 제 운명을 해독해버린 소
대금을 치른 소장수가 고삐를 당기자
저린 눈빛으로 아버지를 바라보고 나를 바라보고
이내 소장수를 따라나서는 준비된 체념,
소는 결코 뒤돌아보지 않았다

낮술에 취한 아버지는 일식(日蝕) 중이었고
침묵을 태우는 담뱃대만
연거푸 빨아대시던 할아버지
철없는 장닭이 마루에 물똥을 지리거나 말거나
나는 뒤뜰 감나무에 올라앉아
횡 한 가슴에 왕소금만 뿌리고 있었다.

고래

바다를 빠져나와 산이 된 고래, 영남알프스
가지산 신불산 옹이 진 척추 아래로 길게 뻗은
고래의 푸른 뱃속, 배내골에 들어왔다

맴맴 맴맴,
해탈의 고통에 종지부를 찍으려는 참매미의 절규를
부질없다 하는 건지 고래의 숨소리는 산보다 깊다
쏴아아 쏴아
기울어진 화전밭을 빗장 질러
햇빛을 긁어모으시던 어머니의 숨소리
제 몸 풀어 수천을 먹여 살렸던 고래의 숨소리다

반구대 암각화를 보고서야
어머니의 전생이 고래였음을 알았다
나는 이승의 시계(視界)로 살았지만
어머니는 전생의 기억으로 살았음이다
한평생 고래의 눈길로만 내 삶을 핥아주셨던 어머니
그 뱃속은 오직 푸른 침묵이다

어둠을 걸러낸 이슬 한 모금 받아 마시자
내 뱃속에도 배내골이 그대로 열린다
내가 고래로 변하고 있는 것일까
어서 나를 스캔하여 반구대로 전송해봐야겠다
나중에라도 근사한 새끼 고래 한 마리 추가될는지 몰라.

---

* 반구대 : 울산광역시 울주군 언양읍 대곡리에 있는 선사시대의 암각화가 있는 곳.
* 배내골 : 영남알프스의 주 계곡을 배내골이라 부른다.

만리포 해수욕장

만리포의 노을은 70밀리 시네마스코프
붉은 장막에 비치는 영화는 흑백이다
꿈은 시네마스코프 총천연색이지만
삶이란 16밀리 흑백영화
빛과 어둠의 치열한 공방
그녀는 결국 슬픈 영화였다

불새의 심장을 다 파먹은 나비들이
일시에 날아올라 별이 된 그 밤
천이백 도로 달궈진 사랑을 씨방에 담아
원시의 바다에 풍덩,
금강석보다 더 단단한 별이 되자고
수없이 담금질했던 맹세는
새가 되어 날아갔다

그녀가 사라진 허공으로 안개가 차오르고
별이 되지 못한 사람들은 술에 취한다
하모니카도 취해서 새소리를 낸다
파도는 이제 바단조

안단테로 한 소절이 꺾이는 사이
망각의 날이 먼동의 탈을 쓰고 진격해온다
달아나지 못한 그리움은
이슬보다 더 빨리 전멸한다.

이별을 키우는 새

아지랑이를 물어다 먹인 새끼
날개 자라 날아가고
빈 둥지를 지키던 어미 새
낯선 하늘을 날고 날아
어느 호숫가에 살며시 내려서네
바람보다 가벼운 떠돌이가 그를 반기네
꽃물 한 방울 콕 찍어놓고 떠나버리는,
이별이라 말할 수도 없는 짧은 인연
오래전 그의 어미가 그랬던 것처럼
가지 끝에 별을 매달아 놓고
작은 인연을 부화시키네
본능의 무게로 허기를 누르며 버틴
낮과 밤이 소지처럼 타버린 자리
윤회의 껍질을 깨고 노란 입이 째지네
날마다 행복을 물어다 먹이는 새
이별을 열심히 키우고 있네.

어떤 기행(奇行)

호수공원 옆 시유지(市有地) 공터엔
온갖 푸성귀들이 칸을 나누어
달동네처럼 가난하게 산다
고추를 따다가 오줌이 마려워
승용차에 들어가 생수병에 쉬!
꼭 방동약수 빛깔이다
그 병을
길옆에 내려놓고 돌아와 고추를 따는데
누런 호박을
여행용 수레로 끌고 가던 할머니가
병을 들고 냄새를 맡는다
한참을 맡는다
보살처럼 낯빛도 아니 변하고
무서운 원시력으로 나를 빤히 쳐다본다
수만 볼트의 전류가 내 몸을 관통하고
바짝 움츠러든 고추가
할머니 손에 잡혀 질질 끌려간다
빨랫줄처럼 끌려 나온 양심의 뿌리
그날 이후
나는 속없는 꺾꽂이 인간이 돼버렸다.

가을 동화 • 리스본의 밤바다 • 막차의 개꿈 • 돌아온 가시나무새 • 들국화 첫사랑 • 붉은 양파 • 겨울비 • 초겨울의 플라타너스 • 어떤 초신성 • 빌라를 팔면서 • 11월 23일의 비 • 섬진강 자전거 종주 • 제주도 자전거 종주 • 서울~춘천 자전거 종주 • 자전거 1 • 자전거 2 • 자전거는 나의 동반자 • 반달

제2부

가을 동화

망각의 묘약을 뿌리고 있는 바람아
눈이 붉은 그녀를 만나거든
그리움은 그저 조금 긴 기다림이란 걸
알 수 없는 부호들로만 슬쩍 보여줘
내일병에 걸린 그녀가
그물코 같은 세월을 짚어가는 동안
단풍 바이러스가 매일 제곱으로 늘어나
문득 자신이 꽃이었다는 사실마저 잊어버리고
가을이 단순히 붉거나 노란빛으로만
가벼이 지나가기를 나는 기다려
가끔 철없는 단풍이 메마른 가슴을 흔들어
억새밭의 하얀 기억이 되살아나면
나부끼는 머리칼 사이로 그 힘든 순간이
서그럽게 빠져나가도록
결 고운 바람이나 풍성하게 풀어놓아줘
그렇게 지워진 날들이
그녀의 머리 위에 하얗게 올라앉아
아득한 동화가 되는 그날을 기다려.

리스본의 밤바다

저녁 10시, 리스본 앞바다
그리움은 막연하지 않습니다
별들의 언어로 시가 됩니다
먼 옛날 할머니의 고향쯤일까
귓속뼈에 새겨진 할머니의 옛이야기가
하얀 포말로 밀려오는가 하면
절벽을 넘은 물의 노래가 가슴으로 흘러
죽음처럼 잠들었던 시간들이 눈을 뜹니다
망각이라는 이름으로 버려진 녹슨 기억들
리스본 앞바다에서 별빛으로 이들을 세례 합니다
푸른 눈을 뜬 수많은 나의 별들
무중력으로 재잘대고 있습니다
수많은 슬픔과 아픔조차
소중하지 않은 것은 하나도 없습니다
보이는 것은 모두 꽃이거나 웃음이었던
초등학교 1학년 때의 봄소풍입니다.

막차의 개꿈

술 취한 여자가 전철을 몰고 간다
꾸벅꾸벅, 무아의 도리질로
짧은 치마를 밀어 올리며
벌건 시선을 하나로 묶어 질주한다
내가 먼저 도와주면 치한이 될 테니
이어폰을 낀 여자여, 제발 내게 쓰러져다오

뼈 없는 그녀가 내게로 무너진다
어깨로 전해지는 여인의 향기를 읽는다
허벅지의 밤은 온통 보랏빛
심장이 도돌이표를 여러 번 읽어내는 동안
까다로운 조건들이 하나씩 빠져나간다

본능을 찬양하는 찬란한 원시여
한 생을 속여 왔던 이성(理性)을 쫓아버려요
허연 허벅지에 꽂히는 막차의 전율이
이어폰으로 주입되는 세레나데를 칭송한다

건너편, 등산화를 고쳐 매는 남자
먹잇감을 포착한 사냥개의 저 눈빛
종점은 다가오고 서둘러
배낭을 메는 남자의 시선이 단단하다

나는 나직한 톤으로 '여보세요 여보세요'
그녀는 끈적한 톤으로 "벌써 다왔네엥"
벌떡 일어나 종종걸음으로 사라지는…
멍, 멍,
지붕만 쳐다보는 개 두 마리.

돌아온 가시나무새

갈가리 찢겨진 돛으로 배가 돌아왔다
내 보름달을 훔쳐 싣고
금빛 바다를 출렁이며 가없이 떠났던 배
거기 무릉도원은 없었던가
물 한 모금 먹여줄 작은 섬조차 없었던가
너의 메마른 목소리
해풍에 절어 짠 내 나는 그 목소리가
낮은음자리로 늑골을 파고든다
불행을 반기는 어둠의 뼈가 숨을 쉰다
이제 너도 둥지 없는 가시나무새
어서 해당화 숲으로 나처럼 몸을 숨겨라
수많은 가시로 너의 아팠던 날들을 찔러라
봄은 아직 동면 중
저 겨울바다의 긴 울음을 받아먹으며
석 달 열흘을 견디자
늦달이 힘겹게 노를 젓는다
시곗바늘을 끌고 가는 저 하현달을
파란 눈으로 몇 번만 더 배웅하자.

들국화 첫사랑

하얀 파스로 첫봄의 흔적을 감추고
보문산을 내려와 터미널로 향하던 너는
붉게 익은 하늘이었다
여물어 떨어지는 시간이었다
뭉툭 잘린 해바라기
고속버스 유리창에 애처롭게 매달려보지만
이내 길바닥에 내동댕이쳐진,
시력을 잃은 첫사랑은 아직도 외따롭다
들국화 꽃잎에 새겨진 그날의 상형문자들
누가 해독해주지 않아도
철새는 그 의미를 안다
전설이 된 너의 들국화 일기장
한 장 한 장 넘길 때마다
노랑한 바람소리 거분하건만
씨방 없는 들국화, 빈 웃음이 소슬하다.

붉은 양파

-이반 데니소비치의 심장

1.
뒷배란다 구석, 그의 유배지
검은 비닐봉지 안에서 반역의 싹을 틔웠다
참을 수 없는 우울이었을까
이미 되돌릴 수 없는 레지스탕스의 길로 접어든 것
물컵에 얹어 창틀 위에 올려놓았더니
대놓고 뿌리를 내려 푸른 절망을 쑥쑥 키운다

2.
모스크바, 붉은 광장, 저 크렘린의 양파 돔
채찍보다 날카로운
절망이 휘몰아치는 시베리아 수용소
오랜 담금질로 단단해진
이반 데니소비치의 심장에서 기어이 싹이 돋았다
먹통이 된 고막을 할퀴려고 날이 선
저 푸른 절규

3.
며칠 사이, 그의 심장이 헐렁해졌다
한번 뚫린 심장은 파멸의 쾌감을 놓지 못하는 법
허비한 시간처럼
껍질만 남은 양파는 쓰레기통에 버려졌다
철저한 반역의 완성
이반 데니소비치의 하루도 그렇게 저물고,

겨울비

한때는 선율 고운 음악을 연주하던
버림받은 은행나무의 악사들
덤으로 나뒹구는 없음의 그림자
겨울비가 이들을 수습하고 있다

그 울림이 하도 차가워 냉정이 흐르고
뻐꾸기 울음 같은 남루한 기억들이 눈을 뜬다
할미새의 탄식으로 뇌세포를 마비시켜
남루한 기억들을 한 놈씩 창밖으로 던져버린다
시신을 수습하는 밤비 소리는 차분하다

채울 것보다 비울 게 많은 내 안에는
할미새가 살고 뻐꾸기가 살았는데
아마도 나는 뻐꾸기를 더 사랑한 것 같다
누구를 사랑하면 결국 그를 울게 하는
운명이 슬픈 사랑은 일면 사악하다

빼꾸기가 할미새의 탄식을 듣는다는 것은
녹화된 CCTV를 돌려보는 것
겨울비에 씻긴 어둠은 평평하고 고요하고
또 얼마나 홀가분한지

빼꾸기는 겨울에 울지 않는다
할미새는 어리석은 아픔을 하얗게 지워버린다
무엇인가를 지운다는 건 성스러운 것
그러나 지워진다는 것은 또 얼마나 큰 슬픔인지

겨울비는 무엇이든지 다 지워버린다.

초겨울의 플라타너스

상록수도 아닌 것이
무서리에도 초록을 놓지 않더니
칼바람에 생 살점 뜯기는 몰골이 추하다
단 한 올의 햇살도 놓지 않으려는 탐욕

작은 성취의 꼬리를 붙잡고 헛기침을 하면서
서리 맞은 머리로 초록 꿈을 움켜쥔 나는
초겨울의 플라타너스

마른 핏줄이 끊어지는 소리
애써 외면해보지만
결국 개꿈은 낙엽이 되는 것

염색당해 떨고 있던 하얀 모근이
일제히 일어나 진실을 밀어 올린다
가량없는 몸부림은 이제 끝내야지

메타쉐콰이어 노란 허공이 하르르 쏟아지는 오후
기운 해의 각도로 나를 기울여

내 여름의 허공을 비워버리고
균불 잘 지펴진 오두막으로 돌아가야지.

어떤 초신성

일요일 해질녘 일산행 지하철 3호선
블랙홀처럼 시선을 빨아들이는 한 청년
게임기 속 전쟁이 극에 달한 듯
양 손가락이 경련하듯이 움직이고
입술이 명태 아가리처럼 당겨졌다가
닭똥구멍처럼 오므라들었다가……
들썩거리는 안경 너머로
광속으로 날아다니는 영혼이 보인다
심장은 폭발 직전의 초신성처럼 압축되었으리
화정역에 도착하여 문이 열리고
… 2초, 3초, 4초 〈후다닥〉
후폭풍을 남기며 열차 밖으로 날아가는 청년
순간적인 진공의 과부하,
그의 초신성이 폭발한 것이리라
거의 동시에 무대막처럼 자동문이 닫히고
진공의 무게를 줄인 우주선이
대곡역을 향해 지상으로 솟아오른다
승객들이 빠진 얼을 추스르는 동안
그가 앉았던 자리엔 노을빛 몇 가닥
벙어리 눈물처럼 젖어든다.

빌라를 팔면서

한때는 꿈 그 자체였던 네가 언제부턴가 꿈을 잡아먹는 어둠으로 느껴졌다. 돌연변이 세태가 낳은 원망을 겹겹이 뒤집어쓰고 쎄가 빠지도록 붕새 알을 낳아줬지만 나는 한 번도 그 알을 부화시키지 못한 채 늘 불안한 심사로 너를 미워했었다. 강남 아파트는 나날이 황금알을 낳아주는데, 키 큰 아파트를 샀으면 곱빼기는 됐을 텐데…… 한숨으로 할미꽃을 피울 때면 한없이 초라해지던 너, 내가 만든 깜깜한 어둠 속에 주인공인양 너를 밀어 넣고 쏟아낸 원망이 내 꼭지에 하얀 수염으로 자랐구나. 오늘 문지방에 주저앉은 너를 대충 화장을 해서 시집보내고 나니 허기진다. 얄궂은 정에 무릎이 꺾인다. 단지 땅굽성이라는 이유 하나로 버려진 너, 하늘을 베어먹는 저 거만한 아파트를 뉘어 놓고 칸칸마다 칠면조나 키우면서 온전하게 땅이 숨 쉬는 소리를 들으며 살 수 있는 날은 정녕 없을까?

11월 23일의 비

마른땅이 심란하게 흔들리던 어젯밤
냉갈령 한 북서풍 뒤로 가을비가 내렸다
노래하는 나무들의 입이었고
더없이 아름다운 옷이었던,
그러나 동안거에 들기 전에 벼려야 할
색(色)에 불과했던 한 생(生)의 허물들
비로소 공(空)이 된 낙엽을 거두어가는 빗소리에
창문이 오도송을 외고 있다

문산 행 마지막 기차의 기적소리가
붉은 낙숫물로 가슴을 적실 때
제곱으로 빨라지던 내 삶의 기차소리
꿈결에나 묻어 보려고 묻어나 보려고
헛헛한 귓구멍을 한껏 오므리고 눈을 감는다

골짜기로 숨어든 어둠이
안개비로 풀어져 내리는 아침
절망에 젖은 잿빛 나뭇잎 몇 개
부들부들 떨고 있다

이별은 충분히 두려운 것
미련은 이별보다 더 차가운 것
젖어서 떨어지는 건 적멸(寂滅)이 아니다
제 무게를 불려서 추락하는 없음의 색(色)이다

하늘이 종일 울고 있다.

섬진강 자전거 종주

울대 삭은 물비늘만 벙긋거리는
온갖 소리가 푹 삭아 흐르는 강
아라비아 사막에서 담금질한 꿈들이
달맞이꽃으로 피어나는 곳

탄식과 환희 사이를 달리던 늑대
속박과 해방 사이를 누비던 황소
용맹이나 지구력 싸움은 끝났다

미궁의 문은 봉인되었고
은어를 품고 나른한 행복에 빠진
은모래 섬진강은 나의 자전거

미로 속 황금종의 환상이
말갛게 가라앉은 섬진강 하구
달맞이꽃이 가만가만 바람을 밀어낸다

흰 허리를 빠져나온 어둠이
스멀스멀 하동포구로 스며들고
노을 속을 달리는 자전거는 차르르르
더 이상 넘어야 할 고개는 없다지

심장소리가 잔잔한 금빛 물결이다.

제주도 자전거 종주

자전거를 타는 게 아니라
쇳덩이를 메고 오르는 중문 오름길
내 젊은 날의 삶이었고
아흔아홉 구비의 저 IMF 비탈길
정상은 황홀하지만 허전하고 짧은 것
이내 급하게 주저앉는 내리막길
패배로 기록됐던 그 내리막 길
추락하는 쾌감으로 심장이 전율하는 동안
헤진 깃발들이 힘차게 펄럭인다

분주하게 미로를 헤매던 삶
어설픈 자기 신조 속에 깃발을 감춰버린 삶

깃발 한번 제대로 올려본 적 있었던가

내리막길이 이렇게 행복한 적 있었던가

이제 비록 좌표는 낮아지고
가슴은 무인도 쪽으로 기울었으나
허연 이빨을 드러내 놓고 활짝 웃는 바다처럼
상큼한 환희 한 다발 가슴을 채운다
비울수록 가벼워져 좋은 자전거는 나의 인생

봄바람에 자전거가 힘차게 펄럭인다.

서울~춘천 자전거 종주

굽이굽이 북한강 물길 따라
연둣빛 교향악이 울려 퍼지는 4월
봄바람이 첫 키스처럼 달콤하다
갈래 머리 소녀의 환상으로
물길을 달리는 자전거
헐떡일 때 진한 향이 더욱 붉어지던
표본이 된 여인이 앞서 달린다

향기로운 여인은 뒷모습도 아름답다
표본실을 빠져나온 소녀는
젖가슴이 탱탱한 처녀가 되었다가
엉덩이가 매혹적인 아줌마가 되었다가
로맨스의 주인공이 되기도 하는
여인의 환상 속으로 파랗게 달린다

울대가 주저앉아 호수가 된 강
새소리 더욱 도드라지고
바람도 순한 연둣빛 북한강
숨이 차서 필름이 끊기기도 하지만

언덕에 오르면 새소리 더욱 정겨워
어느 누덕 진 겨울을 꿰맬 때 쓰기 위해
실꾸리에 뻐꾸기 소리를 감아둔다

나비와 민들레와 제비꽃과 노닥거리며
세월의 간을 맞추어 보는 자전거
호반의 물길은 새싹처럼 부드러워
바람은 가만가만 나비를 따라다니고
자전거가 갈아엎은 이내 가슴에는
훗날 꺼내 쓸 파란 그리움이
별꽃처럼 촘촘하게 돋아난다.

자전거 1

보통 자전거 마흔아홉 대 값으로 산 자전거
상전 하나를 들인 셈이다
넘어지면 내 몸 다치는 것보다
자전거 다치는 게 더 겁나는
돌아서면 사라진다는 말에
오줌도 제때 못 누고
밥을 먹을 때도 밥상 옆에 모셔야 하는
이런 상전은 생전 처음이다

강변으로 호숫가로
자전거와 몸짓 대화를 나누면서
깊숙이 숨은 내 속을 뒤집어도 보고
사라진 남의 속을 헤아려도 본다
질주하던 삶을 거꾸로 달려보는 길
내 인생의 부품처럼 수많은 사건들이
맞물려 돌아가는 동안
넘치는 탄식은 잡초처럼 질기고 단단하다

늘어진 겨울 햇살을 담금질하는 호수
조각난 낮달을 품고 풀무질하는 강
자전거를 떠메고 달리는 행복한 하인
그렇게 달리다가 동공이 흐려지면
맥없이 미나리꽝에 처박혀
늙은 참새를 웃게 하기도 하는
까맣던 내일이 파릇파릇 속살을 내민다.

자전거 2

자전거 뒷바퀴가 또 주저앉아버렸다
뜯어보니 바퀴 뼈대가 깨져서 날카로운 칼날이다
그제 펑크 난 걸 모르고
어거지로 한참을 달렸던 기억,
무모함이 바퀴의 뼈를 부러트렸고
부러진 뼈는 칼날이 되어 제 허파를 그어버렸음을

앞바퀴와 뒷바퀴의 균형으로 살아가는 부부
무언의 강요가 지친 허파를 통과하는 순간
부풀었던 꿈은 주저앉았고
부러진 큐피드의 화살이 날을 세워
닫혀버린 속살을 헤집고 있었음을

독단이 무너진 화음으로 피리를 부는 동안
수리할 수 없는 관계는 허공을 내달린다
출구가 없는 원망은 상형문자로 새겨지고
체념은 구름처럼 먼 하늘로 퍼져나간다
우레와 침묵 사이에서 번민하는 사이
후회로 남을 투명한 고드름만 여물어간다.

자전거는 나의 동반자

계곡을 후비는 물소리
능선을 후려치는 바람소리
어린 가슴을 무두질하던
유전인자 같은 가난의 소리
어느 날 그 소리들을 뿌리치고
맨발로 오두재를 넘었다

허공은 넓고
박수소리는 수명이 짧다지
후진기어가 없는 삶
박수소리에 취해
아라비아 사막을 돌아
알프스를 넘는 고속질주
그렇게 젊음을 다 소진하고
박수소리가 사라진 광야에서
은퇴하라는 사령장을 받았다

퇴직금으로 산 헬리오스 자전거
티타늄 얼굴이 반들반들 웃는다

목표가 없는 질주
없음을 향해 달리는 묘한 쾌감
이룰 게 없어서 홀가분한
달릴수록 가벼워지는 삶
보물 1호 자전거는 나의 동반자

반달

사막을 헤쳐 나온
지치고 외로운 사람들의
조용한 위로

성악가든 웅변가든
그 앞에 서면
저절로 목젖이 내려앉는
묵언기도

흰 속 검은 속 다 비워내고
송송송
포도송이로 여물어가는
절제된 애수

머리를 돌아 나온 차가운 피로
제 그림자에 수혈하는
하얀 그리움

오래된 그리움은 무게가 없네 • 박제가 된 그리움 • 어긋난 휴가 • 한남동 은행나무 • 대학찰옥수수 • 동학사 느티나무 • 가을 백담사(百潭寺) • 장례식장 소고 • 남이섬의 타조 • 사념(思念) • 아랑호수의 달밤 • 배설의 향기 • 칠연계곡에서 • 이명(耳鳴) • 무념무상(無念無想) • 인어가 사는 아랑호수 • 준비 없는 이별 • 쓰러진 감나무

제3부

오래된 그리움은 무게가 없네

애수를 닦아낸 야윈 달빛이
귀뚜라미 울음처럼 푸르게 떨고 있는 밤
월송리 앞바다는
달빛을 물고 살풀이춤을 추고 있네

그녀가 사라진 그 봄
동백꽃 줄지어 목을 맨 사연을 알지 못했네
내 가슴이 너무 어두워서 알지 못했네
나직이 들려오는 진혼곡 소리
아직도 어두운 귓구멍을 후벼대지만
굳은살에는 다시 피가 흐르지 않네

충분히 탈색된 가을이 피눈물을 떨구고
해변의 소나무는 푸르게 흐느끼고
기억을 말아 쥔 파도가 하얗게 자지러지는,
월송리 앞바다는
달빛을 물고 살풀이춤을 추고 있네

달빛 젖은 울음들이

가련한 영혼을 달래주는 노래가 될 때
가을은 도화지 한 장으로 팔랑이는 그리움이네
무게가 없는 오래된 그리움이네.

박제가 된 그리움

네가 버리고 간 섬의 겨울은 혹독했다
나는
아홉 근의 살점을 태워 봄을 구걸했고
여섯 근의 살점을 더 태워
섬 가득 동백꽃을 피웠으나
너는
기억상실증에 걸린 유배지의 집시
오로지 오늘을 숭배하는
팅팅 불어 가는 엄마의 젖이었다

땀구멍마다 너의 유전인자가 움트던 봄날
도나우 강을 건넌 봄바람이
동백꽃 모가지를 댕강댕강 자르던 그 봄날
더 이상
꽃이 아닌 너를 보고서
피골이 상접해버린 막연한 기다림은
결코 봄이 될 수 없다는 걸 알았다

그날 이후
너를 향한 그리움은 박제가 되어 버렸다

어긋난 휴가

복날 삼계탕 대신 사온 바나나 한 꾸러미
기미 닮은 벌레들이 윙윙, 극성맞다
어긋난 휴가를 시집 한 권으로 달랠 양
홀랑 벗고 창가에 앉아 시(詩) 잡기를 할라치면
눈가를 맴도는 반시(反詩)의 게릴라들
화염방사기 대신 살충제를 분사해보지만
겨우 한 놈이 사살되고 그들의 공격은 계속된다
그렇게 몇 마리 잡고 나니 머리가 띵
사자가 파리에게 당하듯
나는 무차별적으로 당한다
미물과 영장류의 차이는 의미가 없다
그들은 날고 나는 긴다
재벌 총수들을 사면 복권시킨다는 특사 소식
권력과 돈은 날고 서민과 가난은 긴다
보는 것도 싫고 죽이는 것도 싫고
당하는 것은 더더욱 싫어서
시집(詩集)을 집어던지고 공원으로 탈출한다
빌어먹을
언론만큼이나 집요한 모기 때가
그곳에도 우글거린다.

한남동 은행나무

1월 15일, 영하 11도의 서울 한남동
은행나무는 새끼를 풀어놓을 땅 한 뼘 없다
구린내 나는 태반을 벗기지도 못한 채
말라붙은 탯줄을 자르지 못하는
은행나무의 심정을 아는가
황량한 도시는 벼랑을 향해 달리고 있다
모서리가 닳아버린 염원은 허공으로 날아가 버리고
은행나무는 윤회의 고리를 끊고자 제 목을 조르고 있다
독가스 자욱한 콘크리트 밀림에 눈이 내린다
가지마다 애기 울음소리
절규하는 은행나무
자동차의 굉음이 사정없이 이들의 뺨을 때린다
그럴 때마다 찌그러진 눈알이 아스팔트 위로 뚝, 뚝,
빈 택시가 잽싸게 뭉개버린다
오늘도 한남동 은행나무 골목에서는
1톤 트럭 다섯 대가
호리병에 갇힌 파리처럼 발악을 한다
양말 열두 켤레가 오천 원,
싱싱한 생선,

안동 꿀사과,
헌 컴퓨터나 테레비 사,
실성한 은행나무는 간간이 제 눈알을 뽑아 던지는데
나는 썰렁한 사무실에서 없는 파리를 또 찾는다.

대학찰옥수수

몇십 년 만의 폭우라고 밤새 감나무가 비명을 지르고 둑방을 허물고 들이닥친 폭도가 사정없이 날뛰던 다음날 이 땅의 모든 경계선은 인대가 끊어진 채 드러난 뼈마디로 남은 통증을 방출 중이다 비탈밭의 대학찰옥수수는 앙상하게 드러난 아픔으로 삶의 끈을 치열하게 움켜쥐고 충혈된 눈알을 부라린다 방사형으로 뻗어 내린 심줄이 돌과 흙을 움켜쥐고 하얀 젖물을 밀어 올렸으리라 비바람에 허리가 휘면서도 이제 막 젖살이 붙은 자식을 옆구리에 끼고서 옹골차게 버티어낸 저 억척에서 아버지를 본다 아홉 식구를 켜켜이 매달고 모진 비바람을 견디어 낸 세월의 무게로 허리가 20도쯤 기울어진 아버지, 뼛속에 말라붙은 탯줄들이 젖은 바람을 감지하면 혹사의 흔적을 폭우처럼 토해내신다

잘 숙성된 검은흙을 삽으로 떠 앙상하게 드러난 옥수수 뿌리를 덮어준다 이내 잿빛 기억을 지워버리고 하얀 젖물을 밀어 올릴 태세로 옥수수는 땀방울을 털어낸다 굳세게 버티어준 자식을 향해 헐겁게 웃으시는 아버지의 은빛 틀니가 유난히 반짝이던 기억 속으로 파란 햇살

이 무더기로 몰려와서 옥수수수염을 말려준다 하늘이 활짝 열리고 아우성이 주저앉은 냇가 뙈기밭, 한 삽 한 삽 흙을 떠 덮을 적마다 옥수수 뿌리 속으로 한 남자의 기도가 사분사분 녹아들고 이내 통통하게 알이 박히는 옥수수, 그 옥수수를 먹는다는 건 아버지의 기도가 벤 성찬(聖餐)을 먹는 것이다.

동학사 느티나무

동학사 느티나무에는 방울새가 살고 있다
어쩌면 느티나무는 전생에 방울새였는지도 모른다
호오오호르르륵
아르페지오의 환상 속으로 빠져들어
혼곤하게 꿈을 꾸는 날이면 느티나무는
전생의 그림자를 방출하곤 했는데
어느 날
방울새가 옆구리로 삐져나왔다
그냥 지우기엔 그리움이 너무 컸을까
아직도 애타게 누구를 찾는 소리
호오오호르르륵
슬픔도 오래되면 노래가 되는가
소나무가 비올라를 연주하자
느티나무가 방울방울 맺힌 울음을 털어낸다
한 세월 허공에 켜켜이 밀어 올린 푸른 기도
목탁 대신 방울새 소리에 맞춰
어린잎들이 금강경을 외는 소리
샤갈샤갈 샤르르르
나무 아래 순한 사람들, 눈알이 투명해진다.

가을 백담사(百潭寺)

설악의 법력(法力)이 서쪽에 뻗어
수수만년 이어온 수행의 골짜기
물의 염불로 깎여진 돌항아리마다
은은하게 울려 퍼지는 독경(讀經)소리
해탈(解脫)의 전율이 느껴진다

토혈하는 설악의 수행 길을 더듬다
계곡물 한 모금 감로수로 마시면
눈에 낀 백태(白苔)가 사라지고
막혔던 귀 다시 열리는가
백담은 돌다리를 건너 가람(伽藍)에 이른다

물소리 바람소리 풍경(風磬)에 잠기는 새벽
백담사의 독경소리 물안개로 흐르고
돌팔매를 피해 비단옷을 벗어버린
퇴황(退皇)의 빈손을 잡은 부처의 자비가
수미산을 내려와 사바(娑婆)에 흐른다.

장례식장 소고

죽음의 무게는 그가 밟고 지나온 흙의 무게여서 장례식장은 1층 아니면 지하층일 수밖에 없는 게지 탯줄 끊어진 영혼들이 제멋대로 날아다니는 이슥한 밤, 담배 한 대 피워 물고 영안실을 물끄러미 바라보면 내 종착역의 꽃 무대가 어렴풋이 보인다 간추려보면 고작 3막 4장의 짧은 연극인데 나는 얼마나 진솔한 연기로 이 세상에 감동을 주고 기쁨을 주었을까 절정 없는 지루한 군더더기로 사람들을 짜증나게 하진 않았을까 영정사진은 더 이상 연극 포스터가 아니다

머잖아 무대를 내려와야 할 조문객들의 표정은 풀지 못한 삼각함수처럼 난해한데 상주의 어깨너머로 해지 통지서들이 우수수, 무효가 된 고지서들을 다 쓸어내고 나면 올 겨울은 고요하겠지

인연도 오래되면 짐이 되는 것 나는 이 세상에 어떤 부담이고 얼마의 무게일까 뒤엉킨 인연의 줄을 끊고 무대 밖으로 사라져 갈 주인공들 자기 위안으로 술을 마시거나 화투판을 벌인다 실없는 웃음과 소음을 뚫고 뚜벅뚜벅

다가오는 시계소리, 댕댕댕 열두 번 종을 치면서도 걸음을 멈추지 않는 마라토너, 과식해버린 시간의 무게로 심장박동이 무거워진다.

남이섬의 타조

오늘도 남이섬의 타조는 별자리를 더듬는다
정수리에 선명하게 박힌 폴라리스,
킬리만자로를 향한 염원이 한없이 깊어지면서
누렇게 시든 풀밭에 주저앉는 타조
한 무리의 포로들이 메타스퀘어 숲길로 사라지고
또 한패의 포로들이 단풍처럼 밀려온다
갈라진 소음 사이로 고독이 쐐기처럼 박힌다
고독한 자유가 넘치는 남이섬
치타도 사냥꾼도 친구도 없다
어디쯤엔가 있을 킬리만자로
내가 고향을 그리며 저무는 강변을 서성였듯이
타조도 그날의 몫만큼 매일 강가를 맴돌았으리라
어제가 오늘이고 오늘이 내일인 그와 나
안개가 남이섬을 무한대로 펼쳐놓는 날이면
킬리만자로가 지척인 듯
긴 다리가 휘어지도록 강변을 달려보지만
끝내는 노을을 깔고 주저앉는다
강냉이 튀밥 한줌 내밀며 다가서는 내게
'쯧쯧 너는 어데서 잡혀왔니?'

어쭙잖은 호기심을 날름 받아먹으며
쳇바퀴를 탄 그가 쳇바퀴를 탄 나를 동정한다
섬에 갇힌 그가 도시에 갇힌 나를 동정한다.

사념(思念)

처음 몇 년은 너를 위한답시고
그다음은 나를 위한답시고
이제는 깨끗이 지우기 위해서라고
달라붙는 사념의 갈래들을 뿌리쳐보지만
그건 다 개꿈이 키워놓은 칡넝쿨이었어
푸른 낫으로 밑동을 잘라보지만
어둠에 숨겨진, 가량없이 깊게 자란 뿌리
봄이 되면 다시 눈을 뜨는 갈퀴손
뉘 등걸을 타고 올라 피를 말리는
내 안의 유아독존(唯我獨尊)
숲은 사라지고 뼛속으로 숨어버린 메아리
더 이상 개꿈을 꾸지 않아도
구멍 숭숭 뚫고 지나가는 바람 바람
더러는 귓구멍에 귀뚜라미로 남아
어둠을 돌돌 뭉쳐 굴리고 또 굴리면
해쓱한 새벽이 순식간에 달려드는 하루
내가 따라잡을 수 없는 가속도로
밤과 낮이 교차하는 동안
내 몸 깊숙이 칡넝쿨이 뻗어간다.

아랑호수의 달밤

숲이 제 몸 열고 씨방을 비우는 소리
풀벌레가 달빛을 실꾸리에 감는 소리
아랑호수가 토닥토닥
수초 속 뜸부기를 잠재우는 소리
핏발 선 나의 어둠을 달래주는 저 소리들
박쥐처럼 매달린 상념들이 날아가고
쭉정이 홀씨도 날아간다
한 남자가 가장조 하모니카 속으로 들어가
한 모금 한 모금
달빛을 빨아들여 그리움을 탈색한다
제 어둠을 다듬질하는 두견새 울음소리에
마지막 빗장을 풀고 마는 별똥별
수억 년을 달려온 초신성의 단단한 꿈이
한줄기 빛으로 사라진다
반세기를 달려온 내 허망도 사라진다
남은 영혼은 떨어지는 꽃잎 한 장의 무게
이제 어디든지 훨훨 날아갈 수 있겠다
공중에 뜬 아랑호수가 바람에 나부낀다.

배설의 향기

그들이 반란을 일으켰다
의심스런 수박을 좀 더 의심하지 않은 죄
벌건 핏물에 수박씨 둥둥 띄워 무시로 쏟아내더니
응급실에서
경계선을 넘을까 말까 망설이다가 돌아선 다음 날부터
비밀의 문을 걸어 잠가버렸다
사나흘 그렇게 두문불출하면서 돌덩이를 만들었는지
점점 안개 속으로 무겁게 가라앉는다
사흘간 신선초를 갈아서 지성으로 공양하자
돌을 깨는 정소리가 명치를 울리다가
굳게 잠겼던 문이 열린다
동글동글 돌부처, 천불상이 쏟아진다
오호라, 신선초 공양에 염소 보살이 다녀가셨구나
반란을 잠재우고 저들을 진두지휘 하셨구나
나무아미타불관세음보살
학수고대하던 은밀한 아침의 향기
신선초든 보리개떡이든
수미산, 그 긴 터널을 지나오면 평등해지는
내개는 구수한 향을 내는 기쁨이 되지만

남들에겐 무엇이겠는가
삶이란 끊임없는 배설의 향기 또는 배설의 악취
나와 남 사이,
더 이상 좁힐 수 없는 간격에는 냄새가 있고
향기와 악취 사이에는 의식화된 자아가 있다.

칠연계곡에서

빛을 찾아 헤매던 불나비였지
제 몸 사르고 또 사르는 고행의 날들
몇 번의 환생 끝에
도시 변두리에 작은 빛이 되었어
몇 사람이 내 불빛 아래서 소꿉놀이를 하였고
나는 촉수를 조금씩 올리면서 거드름을 피웠지
그러나 최고로 올린 빛은 겨우 30촉
나는 화려한 네온 불이 되고 싶었어
밀려드는 환호와 찬사
윙윙대는 불나비들의 아첨과 무모한 돌진
그런 환상을 쫓다가 지쳐버린 나는
내 어둠의 고향 덕유산으로 돌아왔어
그런데 이곳에서는
30촉도 눈부시다고 별들이 눈을 감아
정수리의 스위치를 끄고 평상에 누우면
별들이 온통 꽃이 되고 전설이 되고
쏙독새는 별밭에서 그리움을 연주해
일곱 마디를 꺾어 흐르는 칠연계곡의 맑은 피가
꽃의 음률이 되어 내 가슴으로 흘러

추억은 환한 별이 되어 반짝이고
박꽃은 지붕 위에 등댓불을 밝혀
바람도 순해진 칠연계곡에
시(詩)의 꽃이 흐드러져.

이명(耳鳴)

1.
남용의 흔적
속 빈 등뼈의 공허한 웃음소리
어둠을 과식한 사람들 머리채 흔드는 소리
반백년 넘게 덖인 몸이 귀뚜라미 소리를 낸다

아내가 경동시장에서 사온 소뼈에서
묵정밭을 갈아엎던 어린 누렁이의
서툴고 자발없는 쟁기질 소리가 들린다

망초가 게릴라처럼 점령한 고랑 위로
와르르 무너진 누렁이의 일생
오랜 되새김의 결정체, 저 하얀 정강이 뼈
그 앞에
영욕(榮辱)의 옷을 벗고 수평으로 누운 시간들

나는 누구의 밭에 망초가 된 적 없었던가
순한 사람의 등걸에 멍에 된 적 없었던가

2.
뽀얗게 우러난 뼛국물
누렁이의 목덜미를 끌어안고 뺨을 비빌 때
그 순한 눈망울이 토해내던 냄새
이명을 쫓아낼 일념으로 아내가 간을 맞춘다

들일을 마친 가을은 쉬 저무는 법
빈들엔 고추잠자리 연애질이 질탕한데
귓가에 맴돌던 늦가을의 귀뚜라미 소리
한 생(生)을 우려낸 국물로 고요해졌다

오랜 침식작용으로 뾰족해진 꿈과
험한 길 굴러온 둥근 일상이 주저앉아
아내의 오목 귀에 이명으로 흐를 때
허욕과 번뇌로 가늘어진 내 가슴뼈를 풀어
아늑한 솔바람 소리나 들려줄 수 있다면.

무념무상(無念無想)

한 번도 봄을 맞아보지 못한
차가운 꿈들이 만들어놓은 내 안의 벌집
채워도 채워도 차오르지 않는 구멍 난 꿀단지
어젯밤 지치고 화난 벌들이 술판을 벌였다
소주 맥주 양주, 수류탄과 미사일
밤새 치열한 공방은 계속되었고
있는 대로 다 터트린 끝에 전멸한 벌들
한 자락 봄볕이 방공호의 어둠을 흔들어 깨운다
나는 부스스 일어나 찬물 한 대접 마시고
어둠을 한 겹 한 겹 벗겨내기 시작한다
환하게 드러나는 목구멍
입에 문 불발탄을 쓰레기통에 던져버리고
바람 빠진 박람회장의 임시주차장으로 나선다
무수히 짓밟힌 황토가 단세포로 숨을 쉬는 그곳
나는 심장이 없는 허수아비가 되어 모로 선다
엉덩이가 터질 것 같은
반바지 차림으로 조깅하는 여자를 봐도 무덤덤
빛과 어둠의 경계가 허물어진
해탈과 허탈의 개기일식(皆旣日蝕)

허무가 소용돌이치는 태풍의 눈 속에 자리 잡은
완벽한 무념무상(無念無想)
나는 또 누구의 고난을 모른 척하는 걸까?

인어가 사는 아랑호수

범선은 정말 사공이 많아서 뭍에 오른 걸까
허파 큰 사람들 열심히 바람을 모아 보지만
물에 들 가망 없다

술잔을 치켜든 포세이돈은 취하고 싶다
작위를 박탈당한 중세의 성루에는
이름만으로도 붉게 타오르는, '호수장 모텔'
뜨거운 발을 호수에 담그고 가인을 부른다
씨방 없는 암술을 밀어 올리는 여자
독한 향기로 벌겋게 달아오른 남자
거미줄에 몸을 던지는 저 치밀함
거미가 이들을 돌돌 말아서 물침대에 던져준다
박자를 무시하고 출렁이는 물의 나라
소음기를 뗀 공포탄 소리와 극초단파의 파열음이
몇 차례 꼭짓점을 그어놓고 잠잠해지면
놀란 개구리 알이 졸지에 부화되어 호수에 쏟아진다
붕어들이 덥석덥석, 어린 올챙이를 잡아먹는다

호수장 모텔에 붉은 네온이 켜진 후로

아랑 호수에는 인어가 살기 시작했다
점점 그 수가 늘어난다고 야단이다.

준비 없는 이별

갑자기 낯설어진 눈맞춤이 헐겁다
어지러운 침묵이 팽팽하다
결국 추의 끈은 끊어지고
이유 같지 않은 이유로 인연의 끈을 자른다네
맨손으로 시작한 일터
안간힘을 다해 황토 물살을 헤쳐 나와
제법 풍성한 초원에 닿았는데
조금만 더 가면 젖과 꿀이 넘치는 가나안인데
싹둑,
하얀 피가 흐른다
날 선 냉기가 단호하다
바람을 붙들고 파도를 넘는 이별의 술잔
터진 실밥 사이로 낙망이 주르륵주르륵
참 많이도 나온다
홀로 되돌아가는 길에는 이정표가 없다
이별은 준비하지 않아도
때가 되면 시간이 이별할 때를 기억해낸다.

쓰러진 감나무

이십칠 년 된 감나무가 뿌리째 뽑혔다
황소바람은 뒤도 안 돌아보고 달아나고
간간이 얼굴을 내미는 뭇별만 가슴 아프다
이슬비가 마약처럼 물관을 적시고
안개가 뿌리를 감싸 보지만
역류하는 핏물을 막지는 못하지
진양조로 늘어진 가망 없는 맥박
켜켜이 쌓아둔 내일이 무더기로 빠져나간다
동여맨 이음매를 감싸주던 그 사월은
아마도 윤 사월
그래서 저리도 허망한 종말이던가
몇 개의 붉은 기억이 애처롭게 매달려
쓰러진 제 몸뚱어리를 바라본다
땅바닥을 뒹구는 뇌가 없는 초록 열매들
누울 날이 오늘이란 걸 어미만 아는구나
절망을 걸러줄 반도체를 제 머리에 이식하고
거르지 못할 사념을 털어 내며 지나가는 한 사내
감또개를 밟지 않으려고 겅중거린다

밀양 영남루 • 울 어머니 2 • 늦가을의 수채화 • 꽃불 사랑 • 할배와 소낙비 • 벙어리 재회 • 봄바람 • 목련화 • 얼갈이배추 • 삼월 보름밤 • 냉장고 • 검정고무신 • 겨울 산사 • 선생님 • 겨울연가 • 나물 파는 여인 • 초하의 고향에서 • 유월의 어느 빈 농가 • 호수의 가을밤 • 호스피스 병실 • 사월의 축제 • 어느 섬처녀의 사랑 • 삼각산에서 부처되다 • 어떤 지름길

제4제

밀양 영남루

깎아지른 절벽 위에 그림 같은 누각이라
신선들의 환담 소리 바람결에 들려오고
빈객은 노을에 젖어 남천강을 굽어본다

찬란했던 천년 역사 무쇠 닻을 내리고
말달리던 모래밭엔 송림만 울창한데
그날의 눈먼 사랑은 솔밭을 서성이네

천만년 세월 간들 아랑 아씨 잊히랴만
꽃빛 육신 져버리고 바위에 스며든 영혼
영남루 슬픈 사연을 비파에 담아낸다

석화(石花)에 새겨진 아랑 아씨 슬픈 역사
눈물에 젖고 빗물에 젖어 발길을 붙잡는데
가없는 비파소리는 영남루를 감아도네.

울 어머니 2

집 지킴이 울 어머니 시름시름 삭는 소리
시렁 위 삼베 수의가 밤낮으로 받아먹고
나직이
흐르는 한숨
냉구들이 받아먹네

아버지 약수 길러 자전거로 길 나서면
못 미더운 조심 당부 겹겹이 걸어주고
끝끝내
흐린 뒷모습
놓지 않는 어머니

자고 나면 가버린 친구 그 가혹한 문상 길
돌아와 거울을 닦는 가슴 뚫린 울 어머니
어둑한
뒤뜰에 앉아
고독을 다듬는다.

늦가을의 수채화

비탈진 카인의 땅 서릿발 성성한데
물머리 양지 뜸엔 토끼풀만 봄날이다
어쩔꼬
백치의 순정
달아나는 햇살을

한낮의 훈풍이야 제 엄마 한숨인데
동토의 문턱에서 치매 걸린 철쭉꽃
저 홀로
족두리 쓰고
거드름은 속절없다.

꽃불 사랑

남몰래 사른 사랑 해 뜨면 감추는 빛
마주치면 생긋 웃고 돌아서면 그리운 밤
창호지
구멍을 내고
훔쳐보는 홍낭자

알면서 비 뿌리나 몰라서 눈 날리나
어둠 속 가시밭길 지칠 법도 하건만
밤이면
새 울음 울다
목이 쉬는 청도령

달빛에 비단구름 배꽃 아롱 눈부신 밤
두견새 울음 찾아 이슬에 젖는 발길
배 밭에
마주친 인연
어화둥둥 꽃불 사랑

할배와 소낙비

등줄기 마른 할배 기댈 곳 무에라고
괭이자루 지팡이 삼아 물길 찾아 나서는 길
논밭은
타들어가고
잡초만 무성하네

성깔 사나운 먹구름 산자락에 걸터앉아
화풀이 천둥 번개 벌벌 떠는 산천초목
오지게
물벼락 치고
쌍무지개 걸어놨네

풀잎마다 은족두리 실개천은 종알종알
목욕 마친 덕유산은 구름 한 입 베어 물고
웃음꽃
활짝 핀 할배
팔자걸음 한갓지다.

벙어리 재회

님에게 가는 길은 해당화 붉은 꽃길
새치머리 염색하고 휘파람 휘휘 불며
은하수
단숨에 건너
오작교에 오르네

녹아버린 세월만큼 닳아진 이내 가슴
만나면 해줄 말이 많다가도 없다가도
헤진 꿈
쓸어안으면
꽃잎만 우수수수

운명의 각본대로 엄마 되고 아비 됐네
눈물 꼭지 틀어놓고 묵언 슬픔 세례 하다
벙어리
수화를 못해
물만 먹고 돌아서네.

봄바람

얼음장 밑 돌돌돌 겨울잠 깨우는 소리
양지 말 버들강아지 화들짝 잠을 깨어
서둘러
고깔을 쓰고
봄 마중 나섰네

해송 숲에 훈풍 들자 목을 매는 동백꽃
섬진강 매화꽃이 눈물 뚝뚝 흘리는 날
남촌에
어린 봄바람
보리밭을 내 달린다

풍경이 울부짖던 매운 밤 홀로이고
지워도 남는 이름 염불로 덮었는데
봄바람
품은 자리엔
파릇파릇 상사화.

목련화

인고(忍苦)의 엄동설한 장독가에 묻어놓고
지붕 위로 올라가 둥근 바람 부르더니
훈풍에
벙그는 가슴
꽃등 켜는 봄처녀

솜구름 이불 덮고 달빛 잠시 눈 감으면
저 홀로 등불 밝혀 애기 봄 출산하고
한사랑
새하얀 순결
비손하는 목련화

섬진강 버들 바람 겨운 꽃잎 뿌리는 밤
구름 차고 나온 달빛 한 올 한 올 실에 꿰어
풀 먹여
바느질하다
님 생각에 젖는 뺨.

얼갈이배추

어쩌다 돌에 막혀 돌아 나온 죄이던가
또래들 그늘에서 헌 햇살만 구걸하다
주린 배
바닥에 깔고
찬 서리만 받아먹네

무서리 분 바르고 사방팔방 시집갈 때
눈길조차 외면당해 땅을 치던 얼갈이야
초겨울
한 끼 햇살에
파란 멍만 짙어가네

까마귀 치근대면 속살 한 점 떼어주고
서리 바늘 침 맞으며 석 달 열흘 떨고서야
뒤늦게
대접받는다
울 어머니 닮은 너.

삼월 보름밤

쌀독에 냉기청청 구덩이엔 무 몇 개
데굴데굴 기침소리 저녁밥 짓는 아픔
춘설에 언 청솔가지 눈물 찔끔 아픔 찔끔

마늘밭 이불 걷고 매운 향기 파릇한데
굽이진 화전밭은 꿈이면서 뻔한 절망
골 깊은 삼월 보름밤 뭇 근심의 못자리

창에 든 달빛으로 천만사 실을 뽑아
처녀 적 어머니로 총각 적 아버지로
결 고운 비단을 짜다 겨워 우는 파랑새

눈물 아롱 젖는 포옹 냉구들 덥혀놓고
새 꿈 아름 엮어내는 보름달 둥근 사랑
말갛게 걸러낸 눈물 무지개 싹 움트네.

냉장고

신혼 때 장만했던 이백 리터 그 냉장고
채울 것 많지 않아 약수 길어 넣어두고
붙안고 밤꽃 피우다 꺼내먹던 즐거움

아들 딸 키우면서 흐려진 아내 향기
멀쩡한 냉장고에 미운털이 총총 박혀
갈수록 심해진 구박 고장이나 나라고

아내의 무게만 한 오백 리터 새 냉장고
군살의 의지대로 채워진 가공 식품
정 없다 쳐다만 봐도 풀 향기 흔적 없고

허욕의 눈높이로 다시 바뀐 구백 리터
책이나 넣어두면 속 빈 머리 채워질까
양문형 냉장고로도 다 못 담는 아내 욕심.

검정고무신

첩첩산중 파고드는 힘줄 같은 고갯길
돌부리 가시덤불 무섭게 위협해도
양손엔
검정 고무신
신주처럼 들고 간다

한번 사면 일 년 신고 찢어져도 일 년 신는
가난의 자식이라 지킬 것은 더 없구나
신발에
발을 맞추고
눈길 빗길 접어온 날

물가에선 어항이고 외로울 땐 전화기
호박벌 잡을 때는 뱅뱅 돌려 내려친다
다용도
검정 고무신
내 유년의 실루엣.

겨울 산사

산은 아직 동면 중 눈도 귀도 고요하다
바람 홀로 달빛 접어 적막을 닦아낸 밤
부릅뜬
사천왕 눈도
달빛 아래 가물가물

나신의 수석이야 해탈한 지 오래건만
여승의 독경소리 끊어질듯 구슬픈 밤
내 안에
아련한 연민
덧없이 피고 지고

해 울던 서산에는 부엉새 서러운데
둥근달 빈 가슴은 무엇으로 채워주나
풍경에
밤이 익으면
못내 우는 그리움

선생님

진달래 분홍 바다 칠연폭포 꽃무지개
한 아름 꿈으로 엮어 걸어주던 선생님
꽃 지고
잎 진 얼굴엔
볼우물만 고요해

볕 바른 양지 둑에 오월을 매어놓고
한 이레 꽃밭에 앉아 동화작용 되하시면
그 화색
되살아날까
참꽃 같던 선생님

고장 난 울대 밑으로 가라앉은 풍금소리
짝사랑 한 소절에 짠물 울컥 쏟아내고
노을빛
하늘 칠판엔
옛 추억만 아롱아롱

겨울연가

사는 게 연극이면 그 아니 좋으련만
긴긴 겨울 하얀 눈은 연인들의 빈 도화지
신필(神筆)로
그려낸 그림
화석이 될 수묵화

준상이의 목도리 유진이의 털장갑
못다 한 말 눈물 되고 그리운 맘 별꽃 되어
만나면
눈물만 뚝뚝
벙어리 꽃 해당화

실명(失明)의 날 선 아픔 흰 눈 속에 묻어둔 채
점을 찍고 막을 내린 세기의 겨울연가
그 여운
가슴에 남아
동백꽃만 한평생.

나물 파는 여인

날 저문 지하도 구석 침침하게 외진 자리
애원하듯 하얀 미소 눈 마주친 시골 여인
질경이 보따리 풀어 질긴 삶을 팔고 있네

천 원어치 한 무더기 다 팔아도 곤한 하루
발목 잡는 까만 손등 애오라지 슬픈 기억
장마당 옥수수 팔던 울 어머니 거기 있네

다 사버리면 들풀 향기 쉬 삭을까 걱정되고
그냥 가면 어둠에 잡혀 눈물 될까 염려되어
한동안 마주 앉은 채 빈 웃음만 주고받네

지상으로 자리 옮겨 푸지게 팔아보자고
푸성귀 옮겨주고 내가 먼저 소리치네
“질경이 무공해 나물 자, 마지막 떨이요”

순식간에 비는 자루 활짝 핀 파란 웃음
돌아와 눈을 씻고 일기장에 그린 그림
후미진 언저리 삶도 돌아보면 환한 등불.

초하의 고향에서

시름을 갈아엎고 주름 펴는 고향산천
다랑이 논 어린 초록 햇살을 쪼아 먹고
두루미
그윽한 사색
외다리로 받든 하루

넉넉한 물굽이로 하얀 별을 깔고 앉아
개구리 밥 점심 먹고 졸고 있는 아랑 호수
초여름
푸진 햇살에
은빛 꿈이 일렁인다

아득한 산굽이로 달아나는 유령의 꿈
미궁을 빠져나온 뿔 빠진 도시 사슴
옹달샘
한 모금 물로
모진 날을 지운다.

유월의 어느 빈 농가

무너진 장독대에 투박한 빈 항아리
못생겨서 버려져 모진 삶을 사는 건가
마당에
흩어진 세월,
망초대만 웃자랐네

말라죽은 가죽나무 장승처럼 곧추서서
들바람 독 안으로 고이 불러 드리우면
아득한
황소울음에
쟁깃날이 삭는구나

늘어진 함석 차양 바람 안고 울어댈 때
오쟁이는 그네를 타며 알 품는 꿈에 젖고
쇠스랑
헤진 손가락
진흙 벽을 긁고 있네.

호수의 가을밤

호숫가 검은 숲에 불빛 몇 개 깜박깜박
별빛으로 씻어낸 하늘 처음처럼 영롱한데
갈바람
호수에 앉아
한세월을 젓고 있다

하모니카 뻐로 울고 천리 밖 님도 울고
수양버들 긴긴 머리 단아하게 빗고 앉아
곰삭은
풀벌레 울음
나이테에 새겨둔다

멀어지는 기적소리 번지는 쇠뜨기 아픔
차가운 별빛 안고 호수가 떨고 있다
한세월
헤집는 바람
흐느끼는 은물결

호스피스 병실

담쟁이 벽을 넘어 파란 손을 내밀건만
붙잡고 오를 힘도 애원할 희망도 없는
뻘밭을
헤쳐 나오다
돌이 된 꽃띠 여인

호미를 놓는구나, 손발을 터는구나
해당화 돌담길을 돌아 나온 꽃 그림자
날개를
파닥여본다
흩날리는 꽃잎들

나팔꽃 환한 아침 실잠자리 날아간다
말갛게 씻긴 가슴 소금물로 헹구고
제안에
키운 돌베개
고이 베고 잠든 여인.

사월의 축제

노랗게 울려 퍼지는 개나리 합창소리
목련화 가지마다 등불 총총 걸었구나
진달래 수줍은 얼굴 발갛게 익어가네

통곡하던 소나무는 울음보 내려놓고
연둣빛 상투 틀어 솟대 머리 근엄한데
밤마다 하늘 님 몰래 분가루는 왜 바르나

동안거로 닦은 불심 분홍 물에 젖는 사월
절간의 목탁소리, 산새 물새 중머리 장단
풍경도 바람에 취해 제 머릴 찧는구나

무심한 바위들도 가슴이 벌렁벌렁
잠을 깬 풀씨 꽃씨 땅거죽을 밀어 올린다
온 누리 연둣빛 물결 내달리는 푸른 함성.

어느 섬처녀의 사랑

남해 먼 외딴섬 별을 줍던 섬처녀
수평선 부여잡고 절인 꿈 또 절이며
한사코 사모의 정을 뭍으로만 키운다

목련화 맑은 눈에 해당화 붉은 입술
단발머리 나부끼면 싸리꽃 만발하고
밀물에 통통배 뜨면 그리움이 만발한다

운명의 이정표대로 뭍에서 만난 사랑
눈멀고 귀도 멀어 타오르다 죽을 사랑
배꽃 핀 달 밝은 밤엔 전설마저 타오르고

못 넘을 가시고개 구비마다 슬픈 행복
원망이나 해볼 것을 감추어 삭인 아픔
거두어 가야 할 길에 찔레꽃만 하냥 곱다.

삼각산에서 부처되다

백련사에 연등 달고 보듬는 진달래 능선
키 자란 고향의 봄 발갛게 타오르네
얼마나
기다렸던가
등짐 벗고 바람 될 날

반백년 헤맨 미로 돌아보면 매양 그 자리
발아래 굽이굽이 산도 물도 매양 그 자리
젖는다,
붉은 꽃물에
하염없는 이 가슴

비바람 쓸고 간 산 꽃바람 수놓는다
동안거 아니 해도 감은 눈 속 명경(明鏡)인 걸
산정(山頂)에
퍼질러 앉아
부처되는 상남자.

어떤 지름길

더 높이 오르자고, 더 빨리 이루자고
날마다 다짐하고 담금질로 날 벼리며
봉황을
찾아다니던
잃어버린 반백 년

들꽃은 외면하고 능소화만 꿈꾼 남자
몽유병 환자였나 눈 감은 전력질주
스스로
묘비를 지고
지름길을 달려왔네

도돌이표 없는 이승 이제야 깨닫는가
달려온 길 돌아보는 다리 꺾인 은발 머리
무등산
애굽은 그 길
억새꽃만 흐드러져.